단정한 오후

손해영 제2시집

단정한 오후

도서출판 문심

| 시인의 말 |

꽃마다 화사하여
봄은 아름다웠다

꽃비로 젖어 돌아와 있는
봄은
이제 추억만으로 아득하다

나를 찾아가는 길
굽이굽이
얼마나 돌았을까

『단정한 오후』를 내보내며
오늘 같은 오후를

살고자 하는 것
욕심이 아니기를 소망한다.

소소한 나의 이야기가 외로운 이웃에게
작은 위로와 희망의 불씨라도 되기를
바라는 마음입니다.
삶의 여정에서 만난 여러 이웃과
지인들
나를 이끌어준 스승님, 부모님
가족에게 진심으로
감사의 마음을 드립니다.

2023년 봄의 계단에서

손 해 영

| 차례 |

1부_ 나무의 침묵

- 13 한가함
- 14 그립다 생각될 때
- 15 새벽
- 16 나무의 침묵
- 17 인생의 여정
- 18 너에게
- 20 그런 날이 있다
- 22 일상
- 23 봄을 기다리며
- 24 여행을 하며
- 26 단정한 오후
- 28 나는 가끔 생각한다
- 30 산다는 건
- 31 국화
- 32 가족

2부_ 수원지 연가

- 35 수원지 연가
- 36 지는 것을 배우다
- 38 고전
- 40 입춘
- 41 길 위에서
- 42 벚꽃
- 43 연꽃
- 44 어느 날 기도
- 46 낙엽
- 47 가을 산
- 48 송년의 강
- 50 임경대
- 52 책방골목
- 54 비를 마중하며

| 차례 |

3부_ 어떤 그리움

57 바다의 기도
58 안부
59 궁금한 날
60 어떤 그리움
62 비가悲歌
64 고향의 원형
65 오월
66 한가위
67 성묘
68 어버이날
70 모정
72 내물림
73 말복
74 흐린 날 찻집에서

4부_ 가을이 떠날 때

77 초겨울의 통증
78 거울
79 연인
80 위로
81 그를 향해
82 친구야
84 길
86 가을이 떠날 때
87 자화상
88 묘비명
89 시를 쓰며
90 여름꽃의 우울
91 첫 글과 만날 때
92 저녁 숲에서

| 차례 |

5부_ 항구의 가로등

- 95 생애
- 96 항구의 가로등
- 98 뜨거운 나무
- 99 새벽시장 풍경
- 100 봄나들이
- 101 12월에
- 102 가을날 넋두리
- 104 소원
- 105 바닷가에서 1
- 106 바닷가에서 2
- 108 어떤 병동의 그림자
- 110 새벽예불
- 111 남풍이 그리운 날
- 113 [발문] 자전적 시의 미학 · 박미정

제1부

나무의 침묵

한가함

아랫목이 적당히 따뜻하고
시간은 느리게 어슬렁거린다
추적거리는 겨울비 분위기를 놓칠세라
해거름을 무릅쓰고
옛 친구를 불러
비와 궁합이 맞는 파전을 부쳐내고
준비한 도토리묵을 함께 놓고
막걸리 잔 나누고 싶다

아, 그냥 지나갈 이야기 같은 몽상
그리움의 파노라마는
으슥해진 밤에도 그치지 않으니
순정은
밤바다를 향해 노를 젓고
상념想念은
찻잔 속에서
무르익어 가는 중이다

그립다 생각될 때

밤새워
등불 하나
밝혀 둡니다

새벽이슬 맞으며
바람으로 다녀가시는
걸음을 위해
쪽 창을 반쯤 열어 둡니다

흐르는 구름 속에
꽃잎에
머무는 그림자

물굽이마다
속울음 부서지는
강물의
하염없는 흐름이여

새벽

나의 새벽은
오늘까지
종종걸음으로 왔다

태양이
수평선을 뚫고
날마다 오는 걸음처럼
예민하다

세상을 향한
뜨거움이 있어
나의 새벽이 만드는
아침은
찬란하다

나무의 침묵

한없이
낮아지는 날
나무에 기대어
합장을 하고
온몸으로 전하는 한 생전을 읽는다

인고의 누각樓閣에
각인刻印된 옹이
쓰다듬어 주는 날 며칠이나
있었는지
기억은 아른아른
당장 답을 못하지만

그것 또한 지나가리라

침묵해 주는
침묵에
부끄러운 발걸음을 안고
돌아오는 하루가 기다려졌다

인생의 여정

이별은
뼈를
깎는 세월을 남기고
화창하던 젊음은
그것을 채우기엔 너무 물렀다

거울 앞에서 떠난
지난 세월은 보이지 않고
빈 들녘의 풍경처럼 앉아
생머리와 이별한 지 오래인
머리카락의 젖은 무게를
털어내고 있다

너에게

세상에 태어나
너를 만난 건
고귀한 선물이다

생각만 하여도
따뜻하고 향기로워
바라보면 어찌
가슴 설레지 않겠는가

파도 거칠고
바람 부는 날
네가 마음 안에 출렁거리면

저절로
모아지는 두 손
너의 안부가 그립다

언제나 너의 언덕으로
열려 있는 나
너의 그림자로 살아 있으려니
뚜벅뚜벅 걸어가라

그런 날이 있다

혼자서 훌쩍
바람 따라
떠나고 싶은 날이 있다

다 내려놓고
빈 마음으로
휴식하고 싶은 날 있다

돌아갈 수 없는 시절 서러워
햇살 한 줌에
기대고 싶은 날이 있다

이별 앞에
의연한 격려를 보내고
소리 없는 떨림에
젖는 날 있다

고독 속에서
불멸의 시간을 꿈꾸는
나,
그런 날이 있다

일상

어둠에 깨어난 바람의 함성이여
풀잎에 내린 이슬
손 흔들어 환호하고
풀벌레의 잠 흔들어 비명을 질러도
아름다운 새벽이다.

숲에서 만난 생生
가슴 열어 반기고
영원 속에 이룬 인연 공허가 아니었다.

세월은 이렇게 왔다가
이렇게 가는 것 저물어도
한결 닮아 있었을까

내 평화로운 날
늦은 아침마저 경계에 두지 않고 살았으니
바람의 끈질긴 함성이여
너는 나를 깨우고
어둠을 쫓아내는 새벽을 날마다
만나게 하였음이라

봄을 기다리며

기도합니다

소망의 날개가
시혼처럼 비상하길

한 모금 사랑이
설레는 매화꽃 향기로
가득하길

갈증을 내려놓고
길섶 솔바람 따라
풀꽃 이야기가 번져나길

언 땅을 녹이는 눈망울
찌든 영혼에
살가운 꿈이 영글고
이웃의 미소가
선하게 다가오기를

기도합니다

여행을 하며

산 너머 훈풍을 그리며
맨발로 얼음산 오른다 하여도
사랑하는 이와 떠나는 여행은
행복하다

나중에는 각각
혼자 떠나는 여행이 될지라도
군중 속의 외로운 섬
고독보다 나으리라

세월 따라 흐르는 시간 속에
미완성으로 남기고
떠나야만 하는 길일지라도
함께라면

앎도 모르는 듯
외로움도
침묵의 가면 속에 묻고
덧없이 꾸는 꿈을 그대는 알까

소리 없는 울음과
쉼 없이 닦아내야 하는
빈 가슴뿐

사계절이 나이만큼 걸어가고 난
뒤안길
먼저 떠난 사람과 못다 한
여행길은
가슴을 휑하게 하는 못을 박는다

단정한 오후

오래전부터 너와 살았던 일들을
각색脚色하지 않으련다
든든한 버팀목으로 살아온 우리
그대로 행복이었으니까

지금 나에게 있어
새로운 유혹은 사라지고
흔들리는 청춘은 사라졌지만
연민의 궤적은 흔들리지 않고 있어
너는 나에게
위대한 영웅이라고 하고 싶다

우리의 만남은 운명이다
지난 일들은 이야기로 남아 회자되고
가끔 불행이었다 할지라도
돌아보니
행복의 묶음으로 의미 있게 남아 있어

엄청난 그것들을 꽃으로 삼고
그것에서 유추해낸 향기로
수를 놓는
단정한 오후가 되고 싶다

나는 가끔 생각한다

누구도 대신할 수 없는
고된 일을 하며 못 다준 사랑에
늘 마음이 아린 짝사랑이다

앞당겨서 할 수도
몰아서 해 놓을 수도 없는 일을
반복하며
한 생애 던지는 불나방이다

가족 건강 손안에 두고
파스 붙인 팔목으로 꿍꿍
밤을 앓는 미련함도
밤새 일일 뿐

훌쩍거리며 끓는 찌개 간을 보고
자식 농사 밤톨같이
반들반들하다는 든든함에
돌아서서 짓는

미소 한 웅큼
가슴에 비밀스런 우주 하나
짓는 재미로
지금을 살고 있다고

가끔
나는 생각한다

산다는 건

산다는 건
침묵 속에 시간을 이겨내는 것
그리움을 호명하며
추억을 호명하며
그립다 돌아가는 것

국화

추상秋霜에
피워
낸

노란 꽃잎

늦가을의
고절高節이다

가족

홰를 길게 치는
소리에 기지개 켜고
하품 끝낸
닭장 가족
후다닥 날개 털고
엄마 닭 꼬리 따라
병아리 떼 종알종알
물 한 모금 입에 물고
엄마 한 번 쳐다보고
이슬 머금은 새벽에
따라 나오는
평화로운 가족 산책
사랑스런 아침이다

제 2 부

수원지 연가

수원지 연가

수원지에
단풍이 내려오면
잉어들의 자맥질 바쁘다

서럽게 울어
깊어지는 가을
귀뚜라미 울음을
귓전에 매달고
풀벌레 모여드는
기슭에 앉아

고독을 채찍질 하던
때,
거기 있다

지는 것을 배우다

나이를
왜 세며 살았을까
문득 세어보니 참 많다

한마디 말에
한마디 군소리도 없었던
자식들의 나이도 어느덧
셀 것이 많아졌다

침묵은 아니다
그것은
오해하게 할 수 있을 테니까

말수가 짧아진 것을
무관심이라 생각하지 말고
내가
너희를 따른다고 알아 달라

너희가 나보다 먼저 알았던
지는 것

서로의
무기가 아니라
사랑이라는 것을 알고나니 편안하다

고전

막걸리 한 주발
걸쭉함에 입술을 담그면
그리움을 마시고
향수에 취한다

천진하게 웃고 있는
유년의 시간, 살포시
발그레한 첫사랑이
손을 내밀고

길게 누운 해시계의 그림자
고즈넉이
세월의 한숨을 쉰다

쓸쓸함이 내리는 저녁
멀고 먼 인연
달무리에 젖어 들면

한 자락 메마른 바람이
무념으로
낙엽을 쓸고 있다

입춘

가지마다
움트는 생명 물이 오르고
지르는 함성에

설쳐대던
대한大寒의 긴 모가지가
사라졌다

매화나무에 꽃망울 터진 지
엊그제
얌전한 것이
먼저 터트린 봄

아지랑이 덤불 위에
나풀거리고
밭고랑마다 스치는 바람
솔솔 부는 봄바람이다

길 위에서

정적에 뒤덮인 숲 속
반딧불이 비행으로 형광색 꽃불
신비의 유영이여

길섶 풀벌레 오케스트라 유희
논두렁에 서정을 풀어 놓고
초롱초롱 별들의 숨결
하루의 저문 그림자여

능선을 넘나들던 바람
바다 달빛에 자리를 내어주고
휘몰아 친 날들마저
그리움으로 선한 숨결이여

벚꽃

함박웃음 떨어진다
우루루 우루루
비움 뒤에
오롯이 피는
초록 가지 넘실넘실
웃음 뒤에 피는
희망
봄 편지
벚꽃 휘날레

연꽃

천년 깨달음 향기에
깨어나지 못하는
순백의 정원

진흙 속
염화시중拈華示衆의 미소
내면으로 빨려 들어가 듯
긴 여운 꽃대를 올린다

단아한 자태와
선연鮮然한 맵시 초여름
햇살이 숨을 죽이고

어둠 잠재운 오래된
낮달이
해묵은 나뭇가지 사이
걸터앉아
정갈한 꽃잎 위에
버선발로 쉬고 있다

어느 날 기도

소소히 만나는 이웃에게
다정한 미소
따뜻한 손
내밀지 못했음을 후회합니다

계절의 찬미를 외면하고
풀잎의 젖은 목소리에
무심했던
쉼과 멈춤을 잊고
달려온 날을 후회합니다

생각 없는 말과 행동으로
상처를 남기고
덧없는 일에 간여하여 타인을
슬프게 한 일을 후회합니다

밭 한 떼기도 가꾸지 않고
텃밭에서 가꾼 채소와 과일로
식탁과 입맛을
즐겁게 한 일을 후회합니다

이마 위 햇살 한 줌의 은혜로움과
나를 지탱해주는 가족과 지인의
소중함을 깨닫지 못하고 지내온
미련한 순간을 후회합니다

이제,
경이로운 자연에 청감을 열어
작은 꽃의 소소한
이야기에
천천히 길을 가려 합니다

낙엽

그는 안다
낙하의 뜻을

가야 할 때 떠나오는
것
얼마나
아름답다는 것을

영원히 생물의 세포로
살아갈 수 없다는
것 쯤

단풍으로 물들 때
이미
준비된 이별이었음을

가을산

빨갛게
타오르는 절정

바라만 보아도
죄가 될 듯

염천도
자리를 비켜서고

한 줄금
추상秋霜에
온몸을 던진다

요절한 화가의
불꽃 생을 본다

송년의 강

마지막 잎새
발걸음을 재촉하니
첫눈이 내린다

들판은 곡식을 넘겨주고
내일을 위한 거름이듯
눈을 맞고 있다

시간은 흐르는 것
느린 줄 알면서 타는
완행열차처럼
송년의 강물은 천천히 흐르기를
성급함 없이

언젠가 보았던 이국 여인의
쓸쓸한 뒷모습처럼
처연한 강물이 흐른다

간이역 자판기에서 뽑은
믹서 커피 한 잔의
오래된 향기
일기장 속으로 사라지고

새로운 배를 띄우고
노를 저으며
목례를 보낸다

임경대

꽃구경에 아직 떠나지 못한
영산홍
여름 낮의 길목에서 수줍게
길을 내놓고 있다

손에 잡힐 듯한 다람쥐
한가로이 솔바람 자락 깔고
비탈길을 이리저리 쓸고 다니고

쪽빛 하늘과 유월의 산봉우리
강물 위에 내려 앉아
꿈꾸듯
산수화를 그리고 있다

절벽 위에 고단하게 엎드린
고운의 발자취 세월의 풍상을
와르르 쏟아낸다

오봉산이 둔탁하게 허리를
뒤척이고
황산강 물줄기에
옷깃을 여미는 한 여인의
몸매가 여여하게 흐르는
대한의 지도를 훑고 있다

책방 골목

장맛비를 뚫고
친구와 약속한 장소인 골목길
오래된 책방에 들어섰다

옛 영화榮華를 잊고 사는
서고書庫에
찾아오는 발걸음
뜸한 데
켜켜이
낡은 시간이
세월을 이야기하고 있다

책
책
틈새

뾰족이 얼굴을 내밀고 있는
책
책

내면을 알고 싶어 집중한다

시간의 뒤편을 말해주듯
귀퉁이를 보수한 낡은 시집 한 권
젖은 눈맞춤을 하고

방랑하는 자,
바람벽에 선 고단한
나그네의 쉼이
길을 묻는다

비를 마중하며

비가 내린다
허공을 빗금 친다

무겁던 응어리 풀리고
말간 유리창은 비를 닦는다

누추한 욕심이 사위어가고
머릿속 부식된 조각들이
떠내려간다

가슴에 쌓인
울음덩이 쓸어내려
초록빛 영혼의 깃발을 꽂는다

비가 내린다
묻지 않는 물음에 답을 쓴다

존재의 복잡함이 사라지고
평화로운 대지 위에
본래의 초록물이 든다

제3부

어떤 그리움

바다의 기도

혹한도
폭염도
소리 없이 재우고

수시 때때로
시퍼렇게
멍이 들었어도

고희에 든
막내 깨우는 소리
꼭두새벽 보다 일러라

철석
철석
아, 그것은

먼 나라에서 보내오는
어머니의 기도 소리
한 시도
나의 안식, 아닌 적이 없어라

안부

꽃피는 사월이면
그대 안부 궁금하여
창문을 연다

그립다
보고 싶다

봄은
돌아 왔는데

길 끝
소리 없는 통증에
마냥 서럽고

벚꽃 내리는 밤
뜰에 서면

꽃보다
하얗게 지새는 밤이다

궁금한 날

빙점이 싫어
겨울은
봄비를 꿈꿀까

고독이 싫어
가슴은
사랑을 꿈꿀까

우물 속에
두레박을 내리며
깊은 물길이 궁금하다

마음은
얼마나 깊을까
아무리 많은 물을 길어 넣어도
아니지

누군가의 말 한 마디에
웃고 웃으면
차지 않던 목마름이 가셔질 건가

어떤 그리움

바람벽을 지키고 선
고향집 느티나무는
계절이 없다

빈 들판에
고독이 깊어져도
아버지의 해묵은 기침 소리에
새벽을 같이 열고

나는
그때
느티나무와 아버지는 나이가
같은 줄 알고
항상 같이 대했다

달빛이 나뭇가지에 걸리면
아버지의 기침소리는

커 가고
나는 발자국소리를 죽이고

가을 햇살 속에
동네가 황금으로 물들면
갈색 옷이 어울리던 것도
느티나무와 아버지가 닮았다

비가悲歌

낯익은 목소리
들린다

두런두런 두드리는
길 위의 소리

여름비던가
겨울비던가

메마른 등에 업혔던
여덟 살 막내딸의
슬픈 노래로 남은 아버지

깨알같이 쓰여진 통신표기
비에 젖어
가슴으로 데워주시던
그날도
오늘처럼 비가 내리는

행복한
아니 서러운 날입니다
아버지!

고향의 원형

고향집 뒤뜰에
갈색 옹기 오순도손
따스한 햇살에
피우는 이야기꽃
옛날 어머니 손맛을
서로서로 자랑삼고
늘어진 감나무 그림자를 무늬삼고
장맛을 우려내니
애무를 아끼지 않는다
한낮
검둥개가 졸던 앞마당을 가로지르던
빨랫줄은
바람만 걸고 흔들흔들
이제 어머니의 마당엔
없는 것밖에 없으나
나의 유년이 녹아있는
지워지지 않는 그리움
고향은 영원한 나의 어머니이다

오월

초록 이파리가
낱낱이 웃고 있으나
나무에 어울리고

꽃은 저마다
화사하게 피었으나
꽃가지에
어울리지 않는 것이
없다

오월에는

한가위

고향집 대청마루에
옹기종기 앉았다
낡은 나무 냄새
기다림에 지쳐 있어
너도나도 반가움을 미루고
시간을 먼저 벗겼다

한 겹 한 겹 껍질을 벗고
다소곳이
어머니가 쓸고 닦았던
얼굴을 드러내니
웃음꽃이 달보다 먼저 피는
추석 날

소망의 유혹이라도
어여쁘게
받아 줄 보름달을 향해
한참 동안
마음이 끌려 다녔다

성묘

비탈진 산자락에 풀꽃 되어 핀 당신
무심한 바람은 풀잎을 흔들고
아무 말도 없던 구름
그렁그렁 빗방울로 내리는데
서녘 하늘가에 새 한 마리
젖어 운다

그동안 흘렸던 눈물이
다한 줄 알았는데
마르지도 않고 나의 눈가를 적시고

가을은 계절을 떠나면서
아름다운 단풍잎을 탐하지 않고
떠나는 수행을 하는구나

묘소墓所에 자란 풀들이여
무심한 바람에 흔들리더라도
너희만은 떠나지 말고
지켜 섰거라

어버이날

찔레꽃의 향기도 슬펐지만
빛바랜 표지석이 애틋하다

어린자식 치마폭에 안고
매달아
가시밭 길 아플세라
어깨 짐 무게도 지치지 않으셨다

눈물로 건너다녔을 어머니의 고무신
댓돌 위에 언제나 제일 늦어
자는 밤이 이젠가 싶으면
호롱불 밝히시고 바느질을 하셨는데……

가시처럼 무질고 아팠던 세월에
네 아버지 오래 기다리게 하셨다며
하얀 찔레꽃 눈부신 날
남편 찾아 길 떠나신 어머니
눈물의 강 너머에서 만나셨을까

검버섯이 벼슬처럼 앉았던
당신의 얼굴이
가슴에 액정화면으로 남아있어
지워지지 않는 슬픔이다

이제 슬픔을 지우고 그리움으로 피는
찔레꽃 향기를
자식 사랑으로 사셨던 당신의
영전에 바칩니다

모정

새벽이슬 속
무지개로 오시는 님이여

여윈 가슴
비릿한 젖내음에
온갖 티끌의 헹굼이 되는
피안彼岸의 언덕이여

강보에 싸인 아이
애지중지 고이 길러
세상 속
서툰 걸음마 다칠세라

첫 새벽 장독대에
정화수 떠놓고
손 모은 기도 세월

정결한 님의 눈물에
바람벽

외길도
두렵지 않았으니

이토록 깊은 연緣
태산이면 이 같을까
바다라도 이 같을까

대물림

나는
어제
부모의 기쁨이었고
때로는 아픔이었고

자식은
오늘
나의 기쁨이고
때로는 아픔이다

내가
부모를 생각할 땐
이미 떠난 후
날 저문 밤이었다

지금도 나와 다르지만
행여, 그럴라
그러지 마라

말복

다시 타오르기에는
늦은 시간이다

이별을 예감한
연인의 사랑처럼

빗소리에
덮여가는
눅눅한 그리움처럼

새벽으로 가는
구들장의 온기처럼
서서히 멀어지고 있다

다시 타올라
열정을 태우기에는
어득한 시간이다

흐린 날 찻집에서

일상을 뒤로 하고
맺힌 가슴 어둠을 베어 물고
가방을 맨다

순간을 벗어나고 싶은
자신의 통증이
가시처럼 찌른다

가족과 외따로 된 섬에서
해묵은 친구와 마주한
흐린 날의 찻집에서

사유는
시공 너머
지난 길을 더듬으며

얼음가시 무인도에서 부는
남녘바람
쪽문을 튼다

제4부

가을이 떠날 때

초겨울의 통증

서릿발이 살을 에던 초겨울
삭풍 속의 낙화는
하늘이 외면하여 눈물조차 잃게 했다

산 너머 그 어디인지
바다 끝 저 너머 그 어디인지
만날 기약 막막한 떠남의 뒤 안

가물거리는 수평선은
퉁퉁 부은
가슴의 눈으로 보아도
있다가 사라지기를 반복한다

수없이 파도에 감금당하고
돌아오는 낯익은 거리에
한기寒氣로 파고드는

비 오는 날에는
아린 통증을 뿌리치지 못해
너에게로 가고 있다

거울

물결 진 내 얼굴
진솔한 삶의 거울

고운 날 어디 가고
세월만 가득 하네

인생 여정
숨길 수
누가 있다 하든가

콩 심은 데 콩 나는 데
한 치리도 틀렸으면

지나온 사진첩
행한 대로 찍었으니

반추하여 보아도
옛 것은 안 보이네

연인

눈 내리는 하얀 골목길을
어깨를 맞대고
걸어가는 뒷모습의
순정에
가로등 불빛조차 숨소리를 낮춘다

소리 없는 눈송이의 결정체처럼
맑은 이야기가 소복소복 쌓이는
골목길에
두 사람의 잡은 손이 뜨겁다

골목 바람 한 자락이
물끄러미 바라보며
사랑이 저리도 좋을까

여윈 마음 품어 줄
연인들의
다정한 발걸음
뽀드득 소리에 애정이 깊어간다

위로

졸업 50주년 동창회에서 반갑게 만난
여고 동기들
이리 안고 저리 안고 다시
한 번 또 안고 변하지 않는 우정
주름은 우리들의 것이 아니었구나 하며
돌아서서 왈칵 쏟아내는 눈물은
알 수 없는 서러움
세월을 어찌 거스를 수 있단 말인가
고운 얼굴 어디 가고
웃는 주름
주름진 눈가에
소싯적 어진 모습 그대로 있는 것을

그를 향해

지난겨울 빙점의 고통 속에
구석진 목소리로
뜨거운 삶의 불빛을 모으고
어려운 이웃에게
밝고 따뜻함으로 다가서는
뇌성마비에 그늘 없는 표정
걸어온 돌밭길이
애틋하고 성스럽게 그려지며
그를 성자라고 부르고 싶다
온 누리
봄 햇살 속에 숙연해지는 하루
마음을 닦고
티끌을 씻는다는
시 한 편
일기장에 오른다

친구야

유난히 하얀 장미꽃이
핀
봄

네가 떠나면서
함께
가버렸던 봄

네 고운 미소가
아픈 가시가 되어
내 가슴에 깊이 묻힐 줄
몰랐으니
더
서러운 봄

꽃잎 떨어뜨리는
비가 청승스럽다

떨어지는 꽃잎 위에
엎어져 우는
빗물

봄,
봄,
그럴수록 아프다

길

나선다, 혼자서
여럿이 하다
홀로 간다

산 너머 훈풍을 그리며
얼음산 맨발로 오르고
도시의 외로운 섬으로

센 강물
물살 따라 흘러
어제는 미완성으로 남기고
오늘 숙제에 비지땀을 쏟으며

앎도 모르는 듯

그릇됨도 침묵의 가면 속에
보다 나은 내일을 꿈꾼다

소리 없는 울음과
쉬임없이
닦아내는 빈 가슴으로

가을이 떠날 때

쓸쓸히 서성이는
너의 뒷모습을 본다
가을이 오면

향기 고운 찻집에
커피 잔 마주하고
발그레한 얼굴로 서로
마음을 읽었지

낙엽을 태우며
돌아오는 봄에는
푸른 이상 이루리라 맹세했지

이제는 마음의 고요를 흔드는
겨울 달빛, 길을 앞서는
가을 엽서 한 장

너는
나를
너무 아프게 한다

자화상

시간 여행 속에서
먼 길 건너오신 아버지와
오라버니
오랜만에 상봉한 조카와
한 자리에 모였다

아버지를 닮아가는
중저음重低音의 목소리며
불혹에 서리 내린 숱 없는 머리,
이마에 골 깊은 주름까지
조카의 뒷덜미에서 보는
3대의 자화상이 애틋하다

닮으면서 살아가는 우리
남아있는 삶 속에
하늘 향해 조용히
나의 자화상을 그려본다

묘비명

순간을
일생처럼 걸었노라

좌절 속에
일어서고
인내하고 길을 물었노라

고단하고
아픔이었으나
소중하고 행복했노라

사랑했노라

붉은 석양 따라
저 곳으로
그렇게 가노라

시를 쓰며

유년의 순수 더듬어
작은 돌부리에
길동무 되어

꿈으로 날아간
동심의
언어를 부른다

내 고뇌가
가난한 멍석에
풀꽃 한 잎 얹을까

저문 날
들판에 이는
바람에

눈짓에다
나를 말한다

여름꽃의 우울

어둠은
먹물보다 까맣고
갈피를 잡지 못하는
달빛의 흔들림처럼 고요한
적막의 무덤가에
찾아오는
별빛은
나를 이정표 위에 세운다
흔들리던 저녁이
사라지고
그리움에 발 담그면
찾아오는 회한의 밤
헤아릴 수없는 시간의
잔고에
여름꽃의 우울을 본다

첫 글과 만날 때

백지 위에서 꼼짝 않는 연필
묵상 중이다

재촉을 하듯
온몸을 드러내고 누운
백지 한 장
묵은 나무냄새가 풀풀거린다

첫 글, 어렵다
첫사랑
첫 키스도 힘들었다

시로 향한 애틋한 고백
지금 이 시간에 해야 한단 말인가

덮어버리자
다음 날도 날인데
애간장 태우며
이렇게 쩔쩔매야 한단 말인가

저녁 숲에서

하루를 피워낸
저녁 숲의 품
포근하다

떠난 산객의 발자국
휑하지만
둥지 찾아드는 새
평화로운 쉼

어스름 숲에선
별자리 맞을 허공이
정갈하고

물소리는 바위 아래로
숨어들어
하루의 노동 뒤에 편안함
내일을 위한 고단함을 풀고 있다

제5부

항구의 가로등

생애

두 손 모은
마음
금실을 짜고

홀로
그리움
무명실로 짜여진

무늬의 생애에
땀방울 얼룩이 지워지지
않아도

고적한
비단 한 필에
어찌
비할 수 있겠는가

항구의 가로등

어둠이 젖어들면
기다린 듯 항구의 가로 등불
연달아 켜지고
널따란 바다는 더욱 너그러워져
어둠을 끌어안는 밤

열대야의 밤기운은 달아올라
끈끈한 해풍이 사라지고
후끈거리는 파돗소리가
가로등 그림자를 기대어
오아시스를 연출하는 밤

뉘를 기다리는지
'섬마을 선생' 노랫가락 속에
검은 머리채가 아름다운 처녀를
떠올리며 서러워지는 밤

가로등 불빛은 밤이 이슥하도록
항구의 고압선에 그림자를 뉘이고
꼿꼿하게 살기를 작정한
그 이치를
밤새도록 되뇌이고 있다

뜨거운 나무

설한풍이 몰아치는 밤길에
선
겨울나무를 보라

달도 숨어버린 밤하늘
뻗은 가지로
별빛을 받아 안고

바람이 우짖는 벼랑에
샛길로 몸을 뉘어
시간의 강을 젓는 구도자求道者

가지의 푯대 끝에
날선 바람을 데우고
동토에 곧게 내린 빙점의 뿌리

앙상한 시련의 나목裸木에
꽃피울 계절을 위해
절정의 순간을 준비하고 서 있는
뜨거운 겨울나무를 보라

새벽시장 풍경

바다나
들판이나
시끌벅적한 경매 소리에
화들짝 눈을 뜬다

신출 기묘한 손짓에
매겨지는
몸값

돈,
돈,
돈이다!

봄나들이

봄나들이 다녀와서

이마 위에
진달래 꽃빛
열꽃 피었다

꽃구경만 하랬지
누가
사랑을 품어랬나

밤새
피는 열꽃
이마 위에 데굴데굴

피었다 지고
피었다 지고
새벽녘에 가라앉아

봄나들이 시 한 편
먼동을 태운다

12월에

굽이굽이 넘어와
삶의 무게 풀어 놓고
잃어버린 시간을 유랑한다

소리 내어 울고 싶었던 순간들
그마저도 애틋해지는
12월

끓어오르는 심장을
진정시키고
후회 없는 나이테를 새기는
하루의 축제라도 만들고 싶은

촛불을 켜고
성경책을 펴고
아득한 길로 떠나보내는 기도를 한다

가을날 넋두리

빈 들 바람소리 적막감을 당기고
고향 집 마당 들국화
향을 사르면
수채화 속으로 들어가는 계절

낙조로 가는 저녁은
비스듬히 기울고
묻었던 기억 세상에 나와

하늘을 그리워하는 동공
가을바람 스쳐 지나도
꺼내지 못한 노래로
가슴을 데운다

느릿느릿 흘러도 좋을 강물
줄기차게 흐르고
절절하게 기다리는 소식은
깜깜한데

두근거리는 가슴의
통증
소소한 가을바람 때문이라고
궁색한 변명을 한다

소원

돼지가 하늘 향해 누웠다
누구의 소원을 위해
다시 웃는 얼굴로
코 밑
입을 벌리고
입 속에 돈을 물었다
죽어서야 이룬 소원일까
가늘게 뜬 실눈
누구를 향한 비웃음인가
멍청한 비애가
허리를 굽신거린다
자꾸 헛웃음이 터진다
돼지도
그리고…

바닷가에서 1

해안선의 나른한 휴식에
심심해진 파도는
모래사장을 저 멀리 두고
왔다 갔다 한다

한가로운 해풍은 있는 둥
마는 둥
고요를 흔들다가
꽃잎처럼 파도에 앉고

바다 위 물결은
낭창하게 허리를 꼬고 있으나
아랑곳없이
굴러다니는 낮 시계
정오를 훨씬 넘었다

바닷가에서 2

잃어버린 발자국을 그리워하며
바닷가를 걷습니다
묻어 두었던 애련함이 휘적이고
푸른 모래톱에서 살아나는
지난 시간의 그림자가 뒤척입니다

어린 것 품어주며
으쓱거리던 사람
하늘길에 오르고는
소식이 적조합니다

둥지 속의 여렸던 꿈들
뿌리를 내려 우뚝 섰으니
겸허히
오매불망寤寐不忘하던 사람을 기다립니다

서럽게 흔들리는 그리움
먼 데 해풍이
노을을 물어 옵니다
깜깜했던 이야기도 전합니다

심부름꾼이라 자청하며
푸른 열매 토닥거리고
달처럼 커가는 행복에 겨워하던 사람
숨죽인 울음의 세월만큼 멀리 있습니다

어제도
오늘도
여기에 없습니다
아닙니다
여기에 함께 걷고 있습니다

어떤 병동의 그림자

저녁으로 가는 바람을 타고
새들은 깃을 내리려 귀향하고
병동의 불빛은 어둠을 조금 씻고 있다
날개 접은 나비인 양
꽃향기 떠난 뜨락에 정물처럼 앉아
다음 생을 기다리는 순례자
그늘지고 메마른 등이 가을밤보다 서늘하다

손이 닿지 않은 갈색 사진첩은
해묵은 화석처럼 책장을
비비고 먼지를 이고 있다

생존에 집착해야 할 의미 공허하고
회한도 집착도 놓아버린 날들
갖고 갈 짐은
빛바랜 보따리 하나도 없는데
싸매는 손, 밤새워 쿨럭거린다

통증조차 잊어버린
가라앉은 침묵
초점 없는 눈빛이 휘청거리고
가물가물 마른 눈물만 흐른다

새벽예불

산사의 새벽 예불
부처님 향해 합장을 올린다

헛된 욕망
삶의 번뇌 내려놓고

참회의 기도는 어둠을 지우고
스스로를 깨운다

처마 끝 풍경소리
은은하게 휘감아 도니

세상 희락喜樂 던져두고
말씀으로 가는
호젓한 길

길 위에 나는 멈추지 않고
건너가는 지혜를 배우고자
합장에 든다

남풍이 그리운 날

거적문에
돌쩌귀라
하수구가 넘쳐나네

왕조도
때가 되니
풀숲에 묻히었네

촛불은 꺼져가고
어둠이 짙어지니
속세에 지은 죄업 무거워 어이할꼬

동토에 봄이 오고
사막에
오아시스 기다리 듯

가슴마다
진달래 꽃물 드는
따뜻한 남녘바람 기다려지네

손 해 영 제2시집
단정한 오후

평론

박미정(시인·문학평론가)

자전적 시의 미학

| 평론 |

자전적 시의 미학

시인·문학평론가 **박 미 정**

　시에는 개인적 삶의 특수성이 있다. 물론 인간사 혹은 거시적인 시대상이나 역사적 면면을 효과적으로 전달할 수 있는 시적 언어 고유의 힘도 내재한다. 시인의 시는 국어처럼 직접적이고 자연스런 것이어야 한다는 예이츠의 말처럼 시인이 어떤 내용을 어떠한 방법으로 이끌어 내어 가는 문제는 모호하다. 시인의 시에 농축되어 있는 서정과 삶에 대한 진지한 추구와 자기비판을 통해 비평가는 시의 전체적 흐름을 파악하고 시세계가 내장하고 있는 궁극적인 의미가 무엇인지 밝힐 수 있을 것이며, 독자 또한 그 속에 '나'가 포함되어 있으므로 '우리'를 구성한다. 그렇다면 시적 주체란 무엇일까? 일반적으로 시적 주체란 시를 주체적으로 이끌어 가는 존재로 시를 조직하고 시에서 말하고자 하는 바를 드러낸다. 이때 시적 주체는 화자나 시인과는 구분되는 존재이기도 하고 시적 주체와 화자가 동일한 존재인 경우도 있다. 시 텍스트 내에서 시를 주체적으로 구성하고 언술을 주관하는 시적 주체를 중심으로 손해영의 시세계를 살펴보고자 한다.

　손해영의 시는 존재의 의미를 향하고 있다. 구체적으로 말하면 "추상秋霜에/ 피워 / 낸// 노란 꽃잎// 늦가을의/ 고절高節이다"(「국화」 전문)에 있는 "고절高節"은 시적 주체의 존재가 좀 더 명확히 규명될 수 있는 현실세계와 관계를 맺고 있다. 다음 시 「일상」을 통해 시인이 구축한 시세계의 의미를 보다 분명하게 밝힐 수 있을 것으로 판단된다.

　　어둠에 깨어난 바람의 함성이여
　　풀잎에 내린 이슬
　　손 흔들어 환호하고
　　풀벌레의 잠 일찍 깨어 비명을 질러도
　　아름다운 새벽이다

　　숲에서 만난 생生
　　가슴 열어 반기고
　　인연 속에 이룬 공허가 아니었다

　　세월은 이렇게 왔다가
　　이렇게 가는 것 저물어도
　　한결 닮아 있었을까

　　내 평화로운 날
　　늦은 아침마저 경계에 두지 않고 살았으나
　　바람의 끈질긴 함성이여

너는 나를 깨우고
어둠을 쫓아내는 새벽을 날마다 만나게 하였음이라
― 「일상」 전문

  현실을 변모할 수 있도록 추동하는 힘의 정체를 '바람'으로 표출한다. '바람'은 타자로서 실제적인 행위를 나타내는 중심축이다. 그 중심축을 드러내기 위해 주변을 위축시키지 않고 시간 표현을 통해서 전체를 아우르고 있다. 즉 "세월은 이렇게 왔다가/ 이렇게 가는 것 저물어도/ 한결 닮아 있었을까"라고 하여 '나'는 '타자'를 향하고 타자는 '닮았다'를 도출해 내는 변화된 모습을 보여 준다. 그러한 적극적인 태도는 "늦은 아침마저 경계에 두지 않고 살았"던 것에 의미를 함의하고 현재 '나'의 모습은 타자인 '너'로 인하여 변화하고 바뀌었음을 시인하는 모습은 순수 그 자체라고 하겠다.

  이는 현재 '나'의 삶을 대상화하여 좀 더 적극적으로 바라보게 된 결과이다. '나'를 만나는 현재의 자신과 자신이 처해 있는 현실을 깨어 있는 시간으로 돌아본 '나'는 '태양'의 움직임을 통해 현실을 보다 적극적으로 파악하는 계기를 마련한다. "어제가 이제 돌아올 리 없고 오늘이야말로 아침이 되면 나는 태양과 함께 움직이며 보내리라"(「오고 가는 새벽」 일부)는 한 줄의 긴 진술에 이르면 태양에 의해 새벽이라는 자각을 스스로 돌아볼 수 있을 뿐 아니라 온전히 자기 삶의 주체가 되어 살아갈 수 있는 세계를 건설하는 것이다. 이

것은 달리 말하면 "산다는 건/ 침묵 속에 시간을 이겨 내는 것/ 그리움을 호명하며/ 추억을 호명하며/ 그립다 돌아가는 것"(「산다는 건」 전문)을 통해 현실은 시간을 이겨내는 것이라고 하여 시간을 통해 변증법으로 비약하는 장면을 보여 주고 있다. 이러한 현실은 '나'로 하여금 근원적인 고독을 구가하면서 예술적으로 승화시키고 있는 것이다. "나는/ 그때/ 느티나무와 아버지는 나이가 같은 줄 알고/ 항상 같이 대했다"(「어떤 그리움」 일부)라고 하는 기억은 현실의 '나'를 상징적 자아로 부각한다.

"그는 안다/ 낙하의 뜻을// 가야 할 때, 떠나오는 것은/ 얼마나 아름답다는 것을// 영원히 생물의 세포로 살아갈 수 없다는/ 것쯤// 단풍으로 물들 때/ 이미 준비된 이별이었음을"(「낙엽」 전문)에서 투시하는 '나'의 서정적 시간은 존재의 확인이다. "거울 앞에서/ 떠난 지난 세월은 보이지 않고/ 빈 들의 풍경처럼 앉아/ 생머리와 이별한 지 오래인/ 머리카락의 젖은 무게를 털어내고 있다"(「인생의 여정」 일부)는 시간적 배경은 존재 확인의 알레고리로서 기능하고 나아가 시간을 초탈하려는 분위기를 형성하고 있다.

    혼자서 훌쩍
    바람 따라
    떠나고 싶은 날이 있다

다 내려놓고
빈 마음으로
휴식하고 싶은 날 있다

돌아갈 수 없는 시절 서러워
햇살 한 줌에
기대고 싶은 날이 있다

이별 앞에
의연한 격려를 보내고
소리 없는 떨림에 젖는 날 있다

고독 속에서
불멸의 시간을 꿈꾸는
나, 그런 날이 있다

— 「그런 날이 있다」 전문

    위 시에서 '그런 날'은 일상성을 지탱해 온 삶과 관련이 있다고 하겠다. 그런 날은 '나'에 대한 자기성찰 과정에서 자기 자신이 '나'에 대한 이야기를 듣는 과정이며 고독한 자아와 만나는 과정을 거쳐 발현하는 그런 날인 것이다. 고독의 광인이라고 불리는 니체는 고독은 제2의 탄생을 역력히 볼 수 있을 것이며, 스스로의 본래적인 모습을 역력히 볼 수가 있을 것이라고 하였다. 인식대상으로서의 '나'를 감추고 싶거나 부정적인 것이 아니라 드러냄으로써 오히려 새롭게 거듭나는 계기로 삼고자 한다.

    그것은 생명의 새로운 가치가 드러나는 것이며 고독의

애상이 전제하는 "불멸의 시간"을 통해 자신을 체득하는 그런 날을 꿈꾸는 심경을 드러낸다. "그런 날이 있다"에서 시적자아는 존재란 일상성에 있어서 부여받은 시간을 고독으로 감당할 수 있다는 것을 말하고 있다.

이와 같은 존재현상은 시인에게 부정적인 요인이 아니라 긍정적 요인으로 나타난다. "계절의 찬미를 외면하고/ 둘레길 풀꽃 생명, 생의 찬사에 무심했던/ 쉼과 멈춤을 잊고 달려온 날을 후회합니다"(「어느 날 기도」 일부)에서 시간을 녹여 내는 연단의 과정을 수행한 것이다. 그리하여 시인은 현재의 위치에서 기억을 응시하며 '나'의 그리움으로 극복하고 있다.

> 아랫목이 적당히 따뜻하고
> 시간은 느리게 어슬렁거린다
> 추적거리는 겨울비 분위기를 놓칠세라
> 해거름을 무릅쓰고
> 옛 친구를 불러
> 비와 궁합이 맞는 파전을 부쳐 내고
> 준비한 도토리묵을 함께 놓고
> 막걸리 잔 나누고 싶다
>
> 아, 그냥 지나갈 이야기 같은 몽상
> 그리움의 파노라마는
> 으슥해진 밤에도 그치지 않으니
> 순정은
> 봄바다를 향해 노를 젓고
> 상념想念은

찻잔 속에서
무르익어 가는 중이다

― 「한가함」 전문

아랫목이 적당히 따뜻하다는 한가한 심경을 드러내는 표현이다. 그렇지만 행간을 달리하면서 무력해 보이는 시간을 풍자적인 태도로 패러디(parody)한다. 다소 냉소적이지만 절망적인 상황과 거리가 멀다는 것을 "막걸리 잔 나누고 싶다"는 현실을 재인식하는 계기를 마련함으로써 한가함은 더욱 선명해짐을 알 수 있다. 이러한 한가함의 상황을 극복하기보다는 시간 안에 감춰진 감정들을 존중하며 그것을 계속 키워나가는 데 주목할 필요가 있다. "으슥한 밤에도 그치지 않으니"라고 하여 한가함에 대한 자신의 솔직한 심정을 털어놓고 "무르익어 가는 중"이라고 토로하고 있다.

 일련의 시간들 속에서 사건이 일어난 것은 '찻잔 속'이라는 단 한 가지뿐이다. 이러한 울림이 있는 한가함의 정서는 시인의 진실한 마음속에서 나타난다는 것을 알 수 있다.
 한편 「단정한 오후」는 시인에게 있어 미래를 향한 이정표적 시편이다.

오래전부터 너와 살았던 일들을
각색脚色하지 않으려다
든든한 버팀목으로 살아온 우리
그대로 행복이었으니까

지금 나에게 있어
새로운 유혹은 사라지고
흔들리는 청춘은 사라졌지만
연민의 궤적은 흔들리지 않고 있어
너는 나에게 위대한 영웅이라고 하고 싶다

우리의 만남은 운명이다
지난 일들은 이야기로 남아 회자되고
가끔 불행이었다 할지라도
돌아보니
행복의 묶음으로 의미 있게 남아 있어

엄청난 그것들을 꽃으로 삼고
그것에서 유추해 낸 향기로 수를 놓는
단정한 오후가 되고 싶다
― 「단정한 오후」 전문

시인의 인생에 대한 회의는 긍정을 바탕으로 하고 있다. '너'는 '나'를, 나'는 '너'를 지켜 준 버팀목이라고 하여 '우리'의 현실적인 인식은 '행복'을 정작 따로 말할 필요가 없음을 시사하고 있다. 그뿐이 아니다. "유혹은 사라지고, 흔들리는 청춘은 사라졌지만"이라고 하여 현실세계의 회의를 유추하게 하는 긴장은 '너'에 대한 시적 주체의 재인식의 모습으로 전환된다. "너는 나에게 위대한 영웅이라고 하고 싶다"라고 분명하게 드러내어 사실적으로 드러내는 하나의 방법으로서 적지 않은 성과를 이끌어 냈다.

현재에 대한 이러한 자각은 현재의 삶을 좀 더 객관

적으로 바라보게 된 결과로서 '운명'을 이끌어 내는 동인이 되며, 그 감정적인 연민을 초월한 이성적이고 합리적인 자세로서 "단정한 오후"가 존재한다. 이러한 존재의식은 다음 시「나무의 침묵」을 통해 정화된 초월적 승화의식으로 발전시켜 나가는 것을 볼 수 있다.

"한없이/ 낮아지는 날/나무에 기대어 모으는 두 손/ 온몸으로 전하는 일생을 읽는다// 인고의 누각樓閣에/ 각인刻印된 옹이/ 쓰다듬어 주는 날 며칠이나 있었는지/ 기억은 아른아른 당장 답을 못하지만// 그것 또한 지나가리라/ 침묵해 주는 침묵에/ 우리는 말없이 웃고 나면/ 돌아오는 하루는 기다려졌다 "(「나무의 침묵」 전문)에서 시인의 의식은 생명의 가치를 확대해 나간다. 이 같은 흐름은「지는 것을 배우다」에서 지성과 윤리성을 재제하지 않은 독자적인 목소리를 담고 있다.

나이를
왜 세며 살았을까
문득 세어보니 참 많다

한마디 말에
한마디 군소리도 없었던
자식들의 나이도 어느덧 셀 것이 많아졌다

침묵은 아니다
그것은

오해하게 할 수 있었을 테니까

말수가 짧아진 것을
무관심이라고 생각하지 말고
이제는
내가 너희를 따른다고 알아 달라

이미 알았던
너희가 나보다 먼저 알았던
지는 것

서로의
무기가 아니라
사랑이라는 것을 알았으니 편하다
- 「지는 것을 배우다」 전문

  위 시가 말하는 '배우다'와 "나의 새벽은/ 오늘까지/ 종종걸음으로 왔다// 태양이/ 수평선을 뚫고/ 날마다 오는 걸음처럼 예민했다// 세상을 향한/ 뜨거움이 있어/ 나의 새벽이 아침을 만들었다"(「새벽」 전문)는 순수하고 진정한 자아라는 차원에서 만난다. 「지는 것을 배우다」가 제시하는 자발성의 삶은 과거의 시적 주체를 현실세계로 소환하여 감각적 이미지에 의존하기보다 인간의 행위나 생생한 삶의 모습에 의하여 인간적 의미나 감정을 표현한다.

  시적 주체의 현실세계를 사실적으로 그려 냄으로써 살아 움직이는 생생한 느낌을 주었을 뿐만 아니라 심상을 드러내는 압축적인 묘사는 리얼리티를 확보할 수 있게 하였다. 시인은 "먼 나라에서 보내오는/ 어머니의 기도 소리/ 한시도 나의 안식, 아닌 적이 없어라"(「바다의 기도」 일부)라고 하는 독립된 시편 또한 느슨한 형태의 관계망 속에서 '배우다'와 상호관련성을 맺고 있다. 이러한 구조는 화자의 신념으로 전개되어 "고단하고/ 아픔이었으나/ 소중하고 행복했노라// 사랑했노라"(「묘비명」 일부)라고 하여 개인의 정서와 내면심리의 연결고리를 통해 간절한 마음으로 화해를 이루어 내고 있다.

이러한 점에서 시인의 의식에 내재한 '배우다'는 대상화된 '나'에 대해 자기의식의 진정한 주체를 확인하게 하며, 장소의 경험이 있는 기억과 그리움으로 향한다.

고향집 뒤뜰에
갈색 옹기 오순도순
따스한 햇살에 피우는 이야기꽃
옛날 어머니 손맛을
서로서로 자랑 삼고
늘어진 감나무 그림자를 무늬 삼고
장맛을 우려내니 애무를 아끼지 않는다
한낮
검둥개가 졸던 앞마당을 가로지르던 빨랫줄
바람만 걸고
흔들흔들

> 이제는 어머니의 마당엔
> 없는 것밖에 없으나
> 나의 유년이 그대로 녹아 있는
> 추억의 고향이다
> 영원히 지워지지 않을 그리움
> 아, 고향은 나의 어머니이다
>
> —「고향의 원형」 전문

 고향에 대한 장소의 경험이 구체적인 이미지로 잘 그려져 있다. 이러한 구체성은 시인이 지닌 그리움의 강도에 비례한다. '고향'은 시인의 의식 속에서 중심이자 뿌리에 해당하는 장소라 할 수 있다. 과거의 모습은 "없는 것밖에 없으나" 생의 리듬이 투사된 이 장소에서 어머니와 함께 어우러진 풍경은 그리움으로 환치된다.

 이러한 '고향'에 대한 시인의 연가는 어머니에 대한 그리움으로 애상적인 정서가 결미에 표현되어진다. 「비가悲歌」를 통해 더욱 분명하게 진술된다. "낯익은 목소리/ 들린다// 두런두런 두드리는/ 길 위의 소리// 여름비던가/ 겨울비던가// 여윈 등에/ 업혔던/ 여덟 살 막내딸의/ 슬픈 노래로 남은 아버지// 깨알같이 쓰여진 통신표 비에 젖어/ 가슴으로 데워 주시던/ 그 날,/ 오늘처럼 비 내리는 날입니다/ 아버지!"(「비가悲歌」 전문)를 통해 막내딸을 사랑하는 '부성애'를 사실적으로 제시하여 그 의미는 그리움을 강화한다. 본래

시인의 의식 속에 자리 잡고 있는 원초적인 그리움에 대한 숭고한 가치를 드러낸다고 볼 수 있다.

  손해영 시인은 '나'의 존재에 대하여 끊임없이 내실화에 기여하고 있다고 보아진다. 그러한 시인의 의지적 실천에 참다운 존재 가치는 '너'를 발견하는 데 있으며 '우리'로 확대한다. 또한 자존의 문제를 삶 속에서 꾸준히 사색하여 한 차원 더 높은 인간상을 만들어 가고 있다. 따라서 '나'와 '너'의 관계가 가족에 국한되지 않고 타자를 뛰어넘어 사회현실의 영역까지 이어가는 특별한 시의 유산을 만들 것이다. 그러면 「가족」을 감상하여 본다.

  홰를 길게 치는 소리에
  기지개 펴고 하품 끝낸
  닭장 가족 후다닥 날개 털고
  엄마 닭 꼬리 따라
  병아리 떼 종알종알
  물 한 모금 입에 물고
  엄마 한 번 쳐다보고
  이슬 머금은 새벽
  따라 나오는
  평화로운 가족 산책
  사랑스런 아침이다

단정한 오후

인쇄일 2023년 4월 17일
발행일 2023년 4월 20일

지은이 손해영
펴낸이 박선옥
펴낸곳 도서출판 문심

등록번호 제2017-000012호
주소 부산시 수영구 수영로 668 810호 (광안동 화목O/T)
전화 010-2831-4523
메일 psok0403@hanmail.net

ISBN 979-11-90511-21-6 03800

값 10,000원